Cuéntame
lecturas para todos los días
Segunda parte

Francisco Hinojosa

Antologador

Presentación

Cuando le contamos o leemos un cuento a nuestros hijos iniciamos ya su formación como futuros lectores, aun antes de que sepan descifrar las palabras escritas. Más que eso: estamos estableciendo una relación nueva con ellos que más tarde, cuando sean adultos, recordarán no sólo como formativa, sino como placentera y gozosa.

¿Por qué leer cuentos, poemas, rimas, fábulas y leyendas a nuestros hijos? ¿Para qué hacerlos lectores? Bruno Bettelheim afirma que para encontrar un sentido a la vida "no hay nada más importante que el impacto que causan los padres y aquellos que están al cuidado del niño; el segundo lugar en importancia lo ocupa nuestra herencia cultural si se transmite al niño de manera correcta. Cuando los niños son pequeños la literatura es la que mejor aporta esta información".[1]

Además de compartir cotidianamente momentos gratos de lectura y de establecer este nuevo vínculo, nuestros hijos comprenderán, a través de la voz de sus padres, la capacidad comunicativa del lenguaje, la eufonía de las palabras, la riqueza de la lengua. De igual manera, podrán compartir la risa, el canto, la reflexión, el descubrimiento. Y sobre todo el diálogo. Los textos leídos cada día pueden ser un excelente motivo para conversar.

Así como los cuentos de tradición oral reunían a la comunidad y creaban una conciencia de grupo, los textos que *Cuéntame* propone para la lectura compartida en el hogar buscan que se enriquezcan los nexos familiares. Y también que se estimule la imaginación del niño, que se desarrolle su pensamiento, que se tienda un puente más entre la casa y la escuela, que se estreche la relación entre alumnos, padres y maestros.

Francisco Hinojosa
Antologador

[1] Bettelheim, Bruno (2003). *Psicoanálisis de los cuentos de hadas.* Barcelona: Crítica.

Pies

Antonio Deltoro

Somos pobres en pies:
nos tocaron dos,
al gato cuatro,
a la hormiga seis,
a la araña ocho,
cien al cien pies;
porque son dos
y no cuatro, ni cien,
ni ocho, ni seis,
nos tocaron manos,
la pelota y el trompo,
orejas a los lados,
y la cabeza en lo alto
como un observatorio.

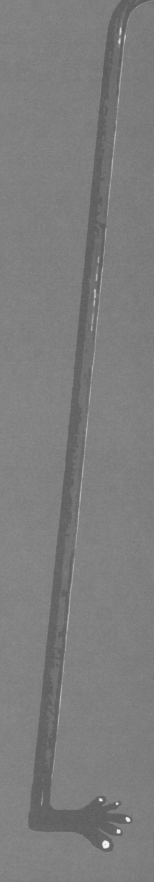

Ahora tú caminas con dos pies:
antes, a gatas, no podías
caminar
y mirar las nubes,
las estrellas, los pájaros,
ni cargar tus juguetes,
ni montar un caballo.

Un sueño

Anónimo

Una oruga caminaba un día en dirección al Sol.
En el camino se encontró con un saltamontes.
—¿Hacia dónde te diriges? —le preguntó.
Sin dejar de caminar, la oruga contestó:
—Anoche soñé que desde la punta de la gran
montaña podía ver todo el valle. Tanto me gustó
lo que vi en mi sueño que he decidido realizarlo.
Sorprendido, el saltamontes le dijo:
—¡Debes estar loca! ¿Cómo piensas llegar hasta
allá? Para ti, una simple oruga, una piedra es como
una montaña, un pequeño charco, el mar,
y cualquier rama, una barrera difícil de cruzar.
Pero la oruga ya estaba lejos y no lo escuchó.
De pronto oyó la voz de un escarabajo:
—¿A dónde vas tan de prisa?
—Tuve un sueño y quiero realizarlo: subiré
a la cima de la montaña y desde allí podré
ver todo el valle.

El escarabajo no pudo aguantar la risa y le dijo:

—Ni yo, con unas patas mucho más grandes que las tuyas, intentaría llevar a cabo esa caminata. A la oruga no le importaron las carcajadas del escarabajo y continuó su camino.

Lo mismo sucedió con la araña, el topo, la rana y la flor: le aconsejaron a la oruga que olvidara su sueño.

—¡No lo lograrás jamás!

Ya agotada, sin fuerzas y a punto de morir, decidió tomar un descanso y construir un lugar donde pasar la noche.

—Así estaré mejor —fue lo último que dijo, y murió.

Todos los animales del valle fueron a mirar sus restos. Allí estaba el pobre animal, que había dejado que la vida se le escapara por realizar un sueño irrealizable.

Una mañana en la que el Sol brillaba con todas sus ganas, los animales se reunieron en torno a aquello que ya se había convertido en una advertencia para los atrevidos.

De pronto quedaron sin palabras en la boca. Aquella cosa comenzó a quebrarse y surgieron de ella unos ojos y una antena que no podía ser la de la oruga que creían muerta.

Poco a poco, como para darles tiempo de reponerse del impacto, fueron saliendo de esa cajita unas hermosas alas llenas de colores: lo que tenían frente a ellos era una mariposa.

No había nada más que decir, todos sabían lo que ella haría. Se iría volando hasta la gran montaña para realizar su sueño, el sueño por el que había vivido, por el que había muerto y por el que había vuelto a vivir. Todos se habían equivocado.

Debajo de un botón

Anónimo

Debajo un botón, ton, ton
del señor Martín, tin, tin
había un ratón, ton, ton
que era chiquitín, tin, tin.

¡Ay!, que chiquitín, tin, tin
era aquel ratón, ton, ton
que encontró Martín, tin, tin
debajo un botón, ton, ton.

Es tan juguetón, ton, ton
el señor Martín, tin, tin
que guardó el ratón, ton, ton
en un calcetín, tin, tin.

En un calcetín, tin, tin
vive aquel ratón, ton, ton
que metió Martín, tin, tin
el muy juguetón, ton, ton.

Barcos
de papel

Manuel Felipe Rugeles

El niño de la montaña,
lejos, muy lejos del mar,
hizo barcos de papel
y al agua los puso a andar.

Por los caminos del agua
los barcos de papel van.
Salieron de un mismo puerto.
¡Quién sabe hasta dónde irán!

Sopla los barcos el niño
y navegan al azar.
¡El niño de la montaña,
nacido lejos del mar!

Lección

Eduardo González Lanuza

Este es un grillo.
       Este es un gallo.
Este es mi niño montado a caballo.

Esta es la rosa.
       Este es el clavel.
Esta es mi niña bordando un mantel.

Esta es la Luna.
       Este es el lucero.
Este es mi niño en el mar marinero.

Esta que canta es la pájara pinta.
Esta es mi niña que se ata una cinta.

Esta es la espiga.
       Este es el manzano.
Estos son mis niños que van de la mano.

El pastor y el ruiseñor

Gotthold Ephraim Lessing

—Canta, dulce avecilla —exclamó un pastor ante un ruiseñor que permanecía callado en un día de primavera.

—¡Ay! —dijo el ruiseñor—. Alborotan tanto las ranas que no me queda gusto para cantar…, ¿no las oyes?

—Sí las oigo —respondió el pastor—, pero tu silencio tiene la culpa.

La hormiga no se asustó, y volvió a clavar su aguijón. El elefante, bien lejos de imaginar que era objeto de una venganza implacable, buscaba la causa de aquel dolor que lo obligaba a gritar sin cesar. Se revolvía, desesperado, refregaba la trompa en la hierba, daba pasos y chocaba contra los peñascos, contra los troncos de los árboles. Sus gritos eran tan fuertes que todos los animales de la selva despertaban y se ocultaban en sus madrigueras, asustados y temerosos. La hormiga, mientras, con feroz ahínco y decidida saña, seguía atormentando a su enemigo, con astucia y maña seguía taladrando la ternilla del infeliz elefante, quien, exasperado, no encontraba el motivo de su martirio. Los árboles caían destrozados, pero el elefante se hería contra las rocas y se desangraba. Al fin, vencido, se dejó caer, y con un último grito cerró los ojos…
¡Había muerto!

La hormiga, muy tranquila, salió lentamente de la nariz llena de sangre y contempló a su inmenso enemigo inmóvil. Sonrió satisfecha y llamó a otras compañeras para que, como ella, subieran al enorme cuerpo del elefante y lo recorrieran de la cabeza a la cola. Luego, sintiéndose vengada, se dedicó a su trabajo, cojeando.

Los dos gallos

Esopo

Se cuenta que dos gallos peleaban por asuntos de gallinas, algo normal entre ellos, cuando el más débil decidió darse por vencido y corrió a refugiarse en el fondo del gallinero.

El otro se sintió de pronto tan orgulloso de ser el vencedor que se subió a la copa de un árbol y desde allí se puso a presumir a los cuatro vientos que él había logrado la victoria.

Fue tanto el escándalo que hizo con su gritería que llamó la atención de un gavilán, que al ver que era inmejorable la oportunidad se lanzó sobre su presa y se la comió.

El gallo vencido, ya sin que el otro lo amenazara, salió del rincón y desde entonces reinó en el gallinero.

Alimañas

Lucía Bayardo

Las abejas

¡Deja!
Cambia un rato,
abeja,
el trabajo
por el relajo.

La rana

De trampolín en trampolín
salta entusiasta la rana
desde temprano galana
con sus piernas de arlequín.

El camarón

Camarón sonriente:
por descuidado
acabarás colorado
en la sartén caliente.

El avestruz

Pon la oreja atenta
si ves al avestruz
porque en patas pregunta
"¿Quién apagó la luz?"

El rey mocho

Adaptación de Francisco Hinojosa

Había una vez un rey mocho: le faltaba una oreja.
Nadie conocía su secreto porque siempre llevaba
puesta una larga peluca de rizos negros.

Sólo una persona conocía el secreto: el viejo
peluquero de palacio que le cortaba el pelo.
Se encerraba con él en la torre más alta del castillo
para hacer su trabajo sin que nadie
los viera.

Un día, el peluquero cayó enfermo y a los pocos
días murió. De la noche a la mañana el rey se había
quedado sin quien le cortara el pelo.

Al poco tiempo el cabello empezó a dejarse ver
por debajo de la peluca. Sabía que muy pronto todos

se darían cuenta de cuál era su secreto. Le urgía hacerse de un nuevo peluquero. Un día pidió que se pegara un cartel en el mercado de la ciudad:

EL REY BUSCA
PELUQUERO
JOVEN
Y DISCRETO

Esa misma noche llegó a palacio un joven peluquero. Cuanto antes empezó a hacer su trabajo. No tardó casi nada en descubrir que el rey era mocho de una oreja.

—Si cuentas lo que has visto —dijo el rey con mucha seriedad— te mando matar.

El nuevo peluquero prometió guardar el gran secreto. "El rey es mocho", se dijo para sí mismo, "y no puedo contárselo a nadie." Sin embargo no podía dejar de pensar en el secreto del rey, y lo que más se le antojaba era decírselo a todos sus amigos.

Llegó un día en el que ya no pudo más su silencio. Se fue a un lugar apartado, hizo un agujero en la tierra, metió en él la cabeza y gritó con todas sus fuerzas: "El rey es mocho". Luego tapó el agujero y respiró profundamente: al fin se sentía aliviado.

Tiempo después, un joven se encontró en ese mismo lugar un bambú con el que se hizo una flauta. En cuanto estuvo lista, sopló y esto fue lo que se escuchó:

El rey es mocho
no tiene oreja
por eso lleva
peluca vieja.

El joven estaba sorprendido con esa flauta que cantaba sola al soplar en ella. Cortó más bambú para fabricar otras flautas y fue al pueblo a venderlas. Todas las flautas, al soplarlas cantaban así:

El rey es mocho
no tiene oreja
por eso lleva
peluca vieja.

Fue así como el pueblo se enteró de que le faltaba una oreja.

Al principio al rey le dio mucha pena, subió a la torre del palacio y se encerró unos días. Pero pronto bajó, se quitó la peluca y dijo:

—La verdad es que ya no aguantaba la peluca. Me daba mucho calor.

Sólo volvió a ponérsela en los días de carnaval.

La tortuga y la hormiga

José Joaquín Fernández de Lizardi

Una tortuga en un pozo
a una hormiga así decía:
   —¿En este mezquino invierno
di qué comes amiga?
   —Como trigo —le responde—,
como maíz y otras semillas
de las que dejo en otoño
mis bodegas bien provistas.
   —¡Ay, dichosa tú! —exclamaba
la tortuga muy fruncida—:
¡Qué buena vida te pasas!
¡Oh, quién fuera tu sobrina!
y no yo, ¡infeliz de mí!,
que en este pozo metida
todo el año, apenas como
una que otra sabandija.

   —¿Pero en todo el año qué haces?
—preguntaba la hormiguilla.
   Y la tortuga responde:
   —Yo, la verdad, todo el día
me estoy durmiendo en el fondo
de este pantano o sentina
y de cuando en cuando salgo
a asolearme la barriga.
   —Pues entonces no te quejes
—la hormiguilla respondía—
de las hambres que padeces
ni de tu suerte mezquina,
porque es pena natural
y aun al hombre prevenida
que aquel que en nada trabaja
la necesidad persiga.

La señora Tortuga va de boda

Cuento popular

Estaba la señora Tortuga recogiendo su casa
cuando sonó el timbre de la puerta.

—Ding-dong.

—¡Ya voy, ya voy! ¡Espere un momento! —gritó.

Doña Tortuga caminó lentamente hacia la puerta
y al cabo de un rato la abrió.

Quien llamaba era el cartero, que llevaba consigo
un saco de cuero.

—¿Es usted la señora Tortuga?

Ella metió la cabeza dentro de su caparazón,
pensó su respuesta y al cabo de un minuto dijo:

—¿Y usted quién cree que soy? ¿Una rana?

El cartero protestó:

—Señora, yo no estoy aquí para creer ni para
dejar de creer. Vengo a traer una carta para la
señora Tortuga y mi obligación es preguntarle
si usted es la señora Tortuga.

—Bueno, hombre, no se enoje. Pues sí, yo soy
la señora Tortuga en persona.

El cartero sacó la carta y un libro.

—Aquí tiene la carta. Ahora firme
de recibido en este libro.

—Muchas gracias, señor cartero.

La señora firmó, cerró la puerta y se puso a leer la carta. Al terminarla dio un salto de alegría.

—¡Se casa mi prima y estoy invitada a la boda!

Doña Tortuga pensó que si hacía todos los preparativos a tiempo, no llegaría tarde a la boda. La Tortuga se metió a la tina para bañarse. Se frotó con un cepillo el caparazón. Luego se puso perfume, se pintó los labios y salió contenta de la casa. Al bajar las escaleras, se resbaló y cayó rodando hasta la entrada.

—¿Está usted bien, señora Tortuga? —le preguntó el portero.

—Claro que estoy bien. Me gusta bajar así las escaleras.

Con calma, sin prisa, doña Tortuga se puso en camino. Dos semanas después llegó a la casa de su prima. Miró el sobre y se dijo:

—¡Qué mala pata! Vive en el piso 14.

Sin perder el ánimo, la señora Tortuga comenzó a subir poco a poquito las escaleras. Una semana después, cuando ya iba a llegar al último peldaño, dio un resbalón y, ¡Pang! ¡Plong! ¡Crash!, doña Tortuga cayó rodando por las escaleras. Cuando se encontró otra vez abajo, se dijo:

—¡Qué mala pata! ¡Por hacer las cosas tan de prisa, ya me he quedado sin boda!

El anciano
y el niño

Cuento popular de la India

Se cuenta que hace muchos años un anciano y un niño viajaban de pueblo en pueblo con su burro.

Una vez llegaron a una aldea caminando junto al asno. Un grupo de jóvenes se rió de ellos:

—¡Miren qué par de tontos! Tienen un burro y, en lugar de montarlo, los dos caminan a su lado. Al menos, el viejo podría subirse.

El anciano se subió al burro y así continuaron con su viaje. Llegaron a otro pueblo y, al pasar, algunas personas comentaron cuando vieron al viejo sobre el burro y al niño caminando al lado:

—¡Parece mentira! ¡Qué injusticia! El viejo va sentado en el burro y el pobre niño a pie.

Al salir de allí, el anciano y el niño intercambiaron de papeles.

Ambos continuaron su camino hasta llegar a otra aldea. Un lugareño, al verlos, dijo en voz alta:

—¡Esto es verdaderamente increíble! ¿Han visto algo semejante? El muchacho va montado en el burro, mientras que el pobre anciano camina a su lado. ¡Qué vergüenza!

Así las cosas, el viejo y el niño decidieron compartir el burro. El fiel asno llevaba ahora los cuerpos de ambos sobre sus lomos. Al pasar cerca de un grupo de campesinos, uno de ellos dijo:

—¡Qué malas personas! ¿Es que no tienen corazón? ¡Van a reventar al pobre animal!

El anciano y el niño se miraron y optaron por cargar al burro sobre sus hombros. Y así fue como llegaron al siguiente pueblo. La gente se juntó alrededor de ellos. Entre carcajadas, los aldeanos se burlaron:

—Nunca hemos visto gente tan tonta. Tienen un burro y, en lugar de montarlo, lo llevan a cuestas. ¡Esto sí que es de risa!

La araña Mizguir

Aleksandr Nikolaevich Afanasiev

Hace mucho tiempo hubo un verano tan caluroso que la gente no sabía qué hacer para protegerse de los rayos del sol, que quemaban sin piedad. En esa misma época apareció una gran plaga de moscas y mosquitos, que picaban a la gente de tal modo que dejaban como rastro en cada picadura una gota de sangre. Por esos días llegó la valiente araña Mizguir, que empezó de inmediato a tejer sus redes a lo largo y a lo ancho de los caminos por donde volaban las moscas y los mosquitos.

Un día, una mosca que iba volando cayó en una de las redes de Mizguir, que corrió a atraparla, pero la mosca suplicó a Mizguir:

—¡Señor Mizguir! ¡No me mates, por favor! ¡Tengo muchos hijos! ¡Sin mí, los pobres no tendrán qué comer y molestarán a la gente!

Mizguir tuvo compasión de la mosca y la dejó libre. Ésta echó a volar y le anunció a todos sus compañeros:

—¡Deben tener cuidado, moscas y mosquitos! ¡Escóndanse bien bajo el tronco del árbol! ¡Ha vuelto el valiente Mizguir y ha empezado a tejer sus redes! ¡Están por todos lados!

Las moscas y los mosquitos corrieron a esconderse debajo del tronco del árbol. Para mayor protección se hicieron las muertas. Mizguir no sabía lo que pasaba: ya no había moscas y por lo tanto tampoco alimento. Y algo que a él no le gustaba era padecer hambre. ¿Qué hacer? Se le ocurrió llamar al grillo, a la cigarra y al escarabajo, y les dijo:

—Tú, grillo, toca la corneta; tú, cigarra, ve batiendo el tambor,

y tú, escarabajo, vete debajo del tronco del árbol. Anuncien a todos que ya no vive el valiente Mizguir, el incansable tejedor. Que le pusieron cadenas, lo enviaron fuera de aquí. Que le cortaron la cabeza y luego fue despedazado.

El grillo tocó la corneta, la cigarra batió el tambor y el escarabajo buscó debajo del tronco y anunció a todos:

—¿Por qué están como muertos? Ya no vive el valiente Mizguir. Le pusieron cadenas, lo mandaron afuera de aquí, le cortaron la cabeza y luego fue despedazado.

Todos se alegraron mucho, salieron del refugio y echaron a volar alocadamente y no tardaron en caer en las redes del valiente Mizguir. Éste empezó a matarlos, diciendo:

—Tienen que ser más amables y visitarme con más frecuencia. ¡Son demasiado pequeños para el hambre que tengo!

Tres canciones de Natacha

Juana de Ibarbourou

I
Se enojó la Luna,
se enojó el lucero,
porque esta niñita
riñó con el sueño.
Duérmete, Natacha,
para que la Luna
se ponga contenta
y te dé aceitunas.
Duérmete, Natacha,
para que el lucero
te haga una almohadita
de albahaca y romero.

III
El sueño hoy no quiere
venir por acá;
anda, ratoncito,
a ver dónde está.
—Señora, mi ama,
yo lo vi bailar
con dos damas rubias
de la casa real.
—Dile que Natacha
se quiere dormir,
que mi niña es buena
como un serafín.
Que venga enseguida
y le daré yo
un collar de plata
y un limón de olor.

II
La loba, la loba
le compró al lobito
un calzón de seda
y un gorro bonito.
La loba, la loba
se fue de paseo
con su traje rico
y su hijito feo.
La loba, la loba
vendrá por aquí
si esta niña mía
no quiere dormir.

El gato
y los
gorriones

Esopo

Desde temprana edad se hicieron
buenos amigos un gato y un gorrión.
A veces se peleaban. Entonces, el gato
mostraba sus uñas y el asunto
quedaba arreglado.

Sucedió que un buen día el gorrión
se hizo amigo de otra ave de su especie,
y como los dos eran peleoneros, en una
ocasión no aguantaron y entablaron
una lucha feroz. El amigo del gato se
llevó la peor suerte. Por ello, le pidió
a él que lo ayudara a vengarse.

El gato estuvo de acuerdo. Le dio
un zarpazo al gorrión y se lo tragó
de un bocado. Pero sucedió también
que al gato le gustó tanto la carne del
gorrión, que nunca antes había probado,
que sin pensarlo dos veces atrapó
a su amigo y se lo comió con gran placer.

El relojito

Anónimo

Tic, tac, tic, tac.
El relojito no puede parar.
Sus tornillos, sus rueditas,
cada cosa en su lugar.
Tic, tic, tic... tic, tic, tic...
Tac...
¡Sobran tics y faltan tacs!
Es la aguja más pequeña
que no quiere trabajar.
Aunque rueden las rueditas,
y no cambien de lugar,
por la aguja caprichosa,
el reloj horas no da.

6

El príncipe
y el mendigo

Mark Twain

Había una vez un príncipe curioso que quiso un día salir del palacio a pasear sin escolta. En un barrio miserable de la ciudad, descubrió a un muchacho de su estatura que era muy parecido a él.

—¡No lo puedo creer! —dijo el príncipe—. Nos parecemos tanto como dos gotas de agua.

—Es cierto —reconoció el mendigo—, con la gran diferencia de que yo estoy vestido con ropa vieja y sucia y tú, por el contrario, vistes con seda y terciopelo. No sabes cuánto me gustaría estar vestido como tú, aunque fuera por unos instantes.

El príncipe, avergonzado de su riqueza, se quitó en ese momento su traje, sus zapatos y el collar de la Orden de la Serpiente, lleno de piedras preciosas y se los entregó al mendigo. Cuando hubieron terminado de intercambiar sus ropas, el príncipe dijo:

—Eres exacto a mí.

—Yo digo lo mismo —respondió sorprendido el muchacho.

Sucedió que en ese momento un guardia que había salido del palacio a buscar al hijo del rey se encontró con los dos jóvenes. Se llevó consigo a quien creía que era el verdadero príncipe y ahuyentó al que tenía la vestimenta más pobre. Por más que ambos trataron de decirle al guardia que estaba equivocado, no lograron nada.

Esa misma noche murió el rey y el mendigo tuvo que ocupar el trono. Lleno de ambición y de rencor por la miseria con la que había vivido, gobernó al pueblo con odio y opresión. Y además su ambición y su sed de riqueza, lo volvió insensible.

Mientras tanto, el verdadero príncipe padecía hambre. A la menor oportunidad decía que él era el verdadero heredero del trono, y siempre lo tomaban por loco. No le quedó de otra que ganar dinero en trabajos duros y mal pagados.

Pasaron los años. Cuando estalló la guerra contra un país vecino, el príncipe decidió alistarse en el ejército para pelear por su patria. Al mismo tiempo, el mendigo que ocupaba el trono continuaba entregado a los placeres y el derroche.

Un día, en lo más intenso de la lucha, el soldado fue en busca del general que guiaba las acciones. Con increíble coraje le dijo que las tropas no estaban bien distribuidas y que el difunto monarca hubiera planeado de otro modo la estrategia de la batalla.

41

—¿Se puede saber por qué sabes tú que nuestro llorado rey lo hubiera hecho como dices?

—Porque él me enseñó cuanto sabía de la guerra. Era mi padre.

El general dudó al principio en hacerle o no caso. Decidió seguir los consejos del joven soldado y así pudo lograr que el enemigo huyera. Luego fue a buscar al muchacho, que se curaba una herida que había recibido en el hombro. Junto al cuello se distinguían tres rayitas rojas.

—¡Es la misma marca que vi en el príncipe recién nacido! —exclamó el general.

Reconoció entonces que quien ocupaba el trono no era el verdadero rey. Gracias a su autoridad en el ejército, pudo convencer a todos del error cometido, y fue él mismo el que le puso la corona en la cabeza al auténtico monarca.

El príncipe había sufrido en su andar por la ciudad y sabía perdonar. El usurpador no recibió más castigo que el de trabajar a diario.

Cuando el pueblo agradecía a su rey el buen gobierno y su gran generosidad, él respondía:

—He podido ser un buen rey gracias a que viví muchas miserias.

Dame la mano

Gabriela Mistral

Dame la mano y danzaremos;
dame la mano y me amarás.
Como una sola flor seremos,
como una flor, y nada más...

El mismo verso cantaremos,
al mismo paso bailarás.
Como una espiga ondularemos,
como una espiga, y nada más.

Te llamas Rosa y yo Esperanza;
pero tu nombre olvidarás,
porque seremos una danza
en la colina, y nada más.

Fábula

Jean de La Fontaine

Cuentan que Júpiter, el antiguo dios de los romanos, convocó un día a los animales de la Tierra. Cuando todos estuvieron reunidos les preguntó, uno por uno, si creían tener algún defecto. De ser así, él prometía mejorarlos hasta dejarlos satisfechos.

—¿Tú qué dices? —le preguntó a una mona.

—¿Me habla a mí? —saltó ella—. Yo no tengo defectos. Hoy me vi en el espejo y me encontré muy bien. En cambio el pobre oso: ¡no tiene cintura!

—¿Tú qué piensas, oso? —preguntó Júpiter.

—Aquí estoy, con este cuerpo tan maravilloso que me dio la naturaleza. ¡Tuve la suerte de no ser una mole como el elefante!

—Que se presente el elefante.

—Francamente, yo no tengo ninguna queja, aunque no todos puedan decir lo mismo, como el avestruz, con esas ridículas orejitas.

—Que pase al frente el avestruz.

—Por mí no se moleste. ¡Soy tan proporcionado! En cambio la jirafa, con ese enorme cuello.

Júpiter hizo entonces pasar a la jirafa, que dijo que estaba contenta porque los dioses habían sido generosos con ella.

—Gracias a mi altura puedo ver los paisajes desde arriba, no como la tortuga que sólo ve lo que pasa a ras de tierra.

La tortuga, por su parte, dijo tener un físico excepcional.

—Mi caparazón es un buen refugio. Cuando pienso en la serpiente, que tiene que vivir a la intemperie…

—Que hable la serpiente —dijo Júpiter algo fatigado.

—Por suerte tengo una piel muy lisa, no como el sapo que está lleno de arrugas.

—¡Basta! —exclamó Júpiter—. Ya sólo falta que un animal ciego, como el topo, critique los ojos del águila.

—Precisamente —dijo el topo—, me gustaría comentar algo: el águila tiene buena vista, no cabe duda, ¿pero no le parece horrible su cabeza pelada?

—¡Esto es el colmo! —dijo Júpiter, dando por terminada la reunión—. Todos se creen perfectos y piensan que los que deben cambiar son los otros.

La zorra
y el león

Francesc Eiximenis

Había una vez un león que tenía hambre, y queriendo
encontrar ocasión para comer, preguntó a la oveja cómo
era su aliento. Y la oveja respondió la verdad, diciéndole
que muy apestoso.

El león, fingiéndose entonces ofendido, le dio un fuerte
golpe en la cabeza y la mató diciéndole:

—¡Ahí va! porque no has sentido vergüenza
de ofender a tu rey. ¡Ahora recibe eso!

Después preguntó el león lo mismo a la cabra,
es decir, si su aliento olía bien. Y la cabra, viendo
cuán mal lo había tomado con la oveja,
le contestó que su aliento era maravilloso
y olía muy bien.

Entonces el león le pegó un fuerte golpe en la cabeza y la mató exclamando:

—¡Ahí va! porque me has adulado con falsedades. ¡Ahora toma eso!

Y después hizo aquella misma pregunta a la zorra, pidiéndole decir cómo tenía el aliento. Pero la zorra se alejó de él, recordando lo mal que les había ido a las otras y le contestó:

—¡De buena fe, señor, le digo que no le puedo responder a su pregunta, puesto que me hallo resfriada y nada percibo de su aliento!

Y así se escapó del león. Y los demás animales que se pusieron en el peligro, sin provecho murieron, ya que no supieron evadirse y alejarse de la respuesta.

Las tres plumas

Hermanos Grimm

Había una vez un rey que tenía tres hijos. Dos de ellos eran listos y bien dispuestos, mientras que el tercero casi no hablaba y era muy simple, por lo que lo llamaban El Simplón. Como el rey ya estaba viejo y se sentía débil, pensó que debía dejar las cosas bien arregladas antes de su muerte, aunque aún no sabía a cuál de sus hijos heredar la corona. Les dijo entonces:

—Márchense, y aquel de ustedes que me traiga el tapiz más hermoso, será rey cuando yo muera.

Y para evitar los pleitos entre hermanos, los llevó al frente del palacio, echó tres plumas al aire, sopló sobre ellas y dijo:

—Cada uno de ustedes seguirá a una de las plumas.

Una de ellas giró hacia el oriente, la otra lo hizo hacia el sur, y la tercera no quiso emprender el vuelo y cayó al piso.

Y fue así como un hermano partió
hacia el oriente; otro hacia el sur,
y el tercero, El Simplón, se quedó en
el lugar en el que había caído la última
pluma. Al oír las burlas que le hacían
sus hermanos, se sentó en el suelo con
gran tristeza. Al rato se dio cuenta
de que al lado de la pluma había una
trampa. Al levantarla notó que allí
había una escalera. No lo pensó dos
veces y descendió peldaño a peldaño.
Al final se encontró con una puerta.
Llamó y alcanzó a escuchar que
alguien gritaba desde el interior:

La puerta se abrió, y el príncipe se
encontró con un horroroso y gordo
sapo, rodeado de muchas pequeñas
ranas. Le preguntó al extraño qué
quería, a lo que respondió el joven:

—Estoy buscando el tapiz más bello
y hermoso del mundo.

El sapo, dirigiéndose a una de las
pequeñas, le dijo:

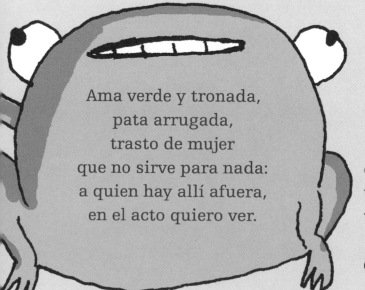

Ama verde y tronada,
pata arrugada,
trasto de mujer
que no sirve para nada:
a quien hay allí afuera,
en el acto quiero ver.

Verde doncellita,
que salta aquí y allá,
salta pronto y tráeme
la gran caja hasta acá.

Fue una de las ranas a buscar la caja;
el sapo gordo la abrió y sacó de ella
un tapiz, tan hermoso como no se había
tejido otro en toda la Tierra.

Se lo dio al joven príncipe, que luego
de agradecer regresó a la superficie.

Sus hermanos, que pensaban que
el pequeño era muy tonto, estaban
seguros de que él nunca encontraría
nada de valor.

—No es necesario que busquemos
mucho —se dijeron, y a la primera
pastorcita que encontraron en su
camino le quitaron la manta que le
cubría la espalda. Luego volvieron
al palacio para presentar sus hallazgos
a su padre. Detrás de ellos llegó
El Simplón con su precioso tapiz.
Al verlo el rey, exclamó:

—Para ser justos, el reino pertenece
sin duda al menor.

Los dos mayores se inconformaron
con su padre. Le dijeron que aquel
tonto era incapaz de comprender las
cosas y por ello no podría gobernar el
reino. Le pidieron que les pusiera otra
prueba. Dijo entonces el rey:

—Heredará el trono el que consiga
el anillo más hermoso.

Tomó de nuevo las tres plumas,
les sopló y así quedaron señalados
los caminos. Los dos mayores
partieron, uno hacia el oriente
y el otro hacia el sur, mientras que
al tercero le tocó seguir a la pluma
que cayó junto a la trampa.

El Simplón bajó nuevamente la escalera y se presentó al sapo gordo para decirle que ahora necesitaba llevar el anillo más hermoso del mundo. El sapo pidió que le llevaran inmediatamente la gran caja y sacó de ella un anillo de oro con incrustaciones de piedras preciosas, tan hermoso que ningún orfebre del mundo habría sido capaz de fabricarlo.

Los dos mayores se volvieron a burlar de su hermano menor. Sin el mayor temor a perder, compraron el primer anillo que encontraron en una tienda y se lo llevaron al rey. Pero cuando el menor se presentó con su anillo de oro y piedras preciosas, el rey repitió:

—Suyo será el reino.

Sin embargo, sus hijos mayores volvieron a quejarse y consiguieron que se impusiera una tercera prueba, según la cual heredaría el trono aquel que llevara consigo a la doncella más hermosa. Volvió a echar al aire las tres plumas, que tomaron las mismas direcciones de antes.

El Simplón bajó de nuevo las escaleras, en busca del sapo, y le dijo:

—Ahora tengo que llevar ante el rey a la doncella más hermosa del mundo.

—¡Caramba! —replicó el sapo—.
¡La doncella más hermosa! No la tengo
a mano en este momento, pero ten por
seguro que la tendrás.

Le dio un nabo hueco, del que tiraban,
como caballos, seis ratones.

Preguntó El Simplón con tristeza:

—¿Y qué puedo hacer yo con esto?

—Haz montar en él a una de mis
pequeñas ranas.

Y así lo hizo el príncipe.
En cuanto la rana estuvo adentro
del nabo se transformó en una
bellísima doncella, al igual que
el nabo se convirtió en una carroza,
y los ratones, en caballos.

Le dio un beso en la mejilla a la
muchacha y se fue a buscar al rey.

Sus hermanos llegaron más tarde.
Otra vez confiados en su victoria,
llevaron consigo a la primera campesina
con la que se toparon en el camino.
Al ver a las tres doncellas,
el rey exclamó:

—A mi muerte, el más joven de mis hijos heredará el trono.

Los hermanos mayores volvieron a quejarse ante el anciano:

—¡No podemos permitir que El Simplón sea rey! —y exigieron que se diera la preferencia a aquel cuya mujer fuera capaz de saltar a través de un aro colgado del techo. Ellos pensaban: "Las campesinas lo harán fácilmente, pues son robustas; en cambio la delicada princesita de seguro se caerá."

Accedió otra vez el viejo rey a la petición de sus hijos mayores. Y he aquí que saltaron las dos campesinas, pero eran tan pesadas, que se cayeron y se rompieron brazos y piernas. Luego le tocó el turno a la bella damita, y lo hizo con tanta gracia que no quedó la menor duda de que ella era la ganadora.

Y así fue como El Simplón heredó la corona y reinó por muchos años con prudencia y sabiduría. A sus hermanos no les quedó más que aceptarlo como rey y vivir en paz con él.

Mínima animalia

Efraín Bartolomé

Jirafa

Como un remolino de hojas secas
la jirafa se eleva
            lentamente.
Sobre la copa de los árboles
comienza a ramonear
            nubes tiernas.

Camello

Bebe desiertos y calor.
Acumula espejismos de arena
en sus jorobas.

Luz en vuelo
Mariposa

Chispas del día
pedacitos de sol
las mariposas amarillas.

Boa

Abre la boa su garganta infinita
y traga todo el asombro que la mira.
Luego,
 plácidamente
   se enrosca y sueña
futuras fechorías.

Araña

Recorriendo su tela
esta araña negrísima
tiene a la Luna en vela.

Gato y perro, perro y gato

Lautaro Poyo

Cuentan que hace algunos años una familia del norte del país tenía un gato y un perro que sabían muy bien cómo convivir juntos. Dormían en el mismo lugar, comían del mismo plato y recibían las mismas caricias de los habitantes de la casa. Además, los dos eran de un color muy parecido: como el de la miel de las abejas.

A pesar del cariño y el cuidado que la familia Gómez prestaba a ambos animales, un día salieron juntos a la calle y ya no regresaron. Y no es que alguien se los hubiera robado o que hubieran muerto atropellados por un coche, no. El caso es que una vecina se asomó por su ventana y vio que gato y perro, perro y gato, esperaron pacientemente la llegada del tranvía, se subieron a él con toda tranquilidad, sin que nadie dijera nada, y desaparecieron.

La familia se sintió muy decaída al ver que sus consentidos y adorados animales ya no estaban para darle vida al hogar. Los niños pusieron carteles en la calles ofreciendo una recompensa a quien les diera pistas acerca de dónde se encontraban sus mascotas. Los padres acudieron a la policía y a los periódicos para que los ayudaran a encontrarlas.

Y al cabo de dos semanas, perro y gato, gato y perro, seguían desaparecidos. La familia Gómez estaba triste.

Extrañaban tanto a los animales que no había otro tema de conversación a lo largo del día —en el desayuno, la comida y la cena— que no se refiriera a ellos y a su repentina desaparición.

Pasaron tres meses, tres semanas y tres días de profunda tristeza en la familia Gómez, hasta que tuvieron, ¡por fin!, una noticia de gato y perro, perro y gato. Resulta que gracias a las fotografías suyas aparecidas en los periódicos y en los carteles, una señora los identificó y llamó a la policía. Los encontró en un mercado de animales, listos para ser vendidos. En menos de media hora llegaron cuatro patrullas a rescatarlos.

Uno de los policías se dedicó a buscar las razones por las que perro y gato, gato y perro habían llegado allí. Y lo que le dijo a la familia Gómez, un tiempo después, fue lo siguiente:

—Según todo lo que he investigado, sus animales salieron un día de casa para irse de pinta. Se subieron al tranvía, llegaron al final del trayecto —que es el Parque Sol y Sombra—, pusieron un mantel, comieron salchichas, tomaron un rato el sol y, cuando quisieron volver a casa, estaban perdidos. No sabían cómo volver a tomar el tranvía de regreso.

—¿Y qué pasó con ellos durante tantos días? —preguntó el más pequeño de los Gómez.

—Un niño vio que estaban desamparados, los llevó a su casa y, sin que sus papás se dieran cuenta, los tuvo consigo varias semanas, hasta que lo descubrieron y llevaron a gato y perro, perro y gato a vender al mercado de animales. A ellos no les pareció mala idea que los vendieran porque ya habían visto los carteles y los anuncios en los periódicos y en la televisión. Sabían que en un mercado iban a ser más vistos y así podrían tener más posibilidades de regresar con sus dueños.

Alimañas

Lucía Bayardo

El topo

Si no quieres ser presa
del águila bandida,
deja la frambuesa
y regresa a tu guarida.

El caracol

A este remolino de plata
le encanta explorar,
pero se guarda en su lata
a la hora de roncar.

Las moscas

Las moscas se ponen hoscas
cuando llega el matamoscas.

El zorro
maestro

Cuento tradicional argentino

Dicen que una vez el zorro estaba muy escaso de comida y pensó en hacerse pasar por maestro para que los vecinos le enviaran a sus hijos y así él pudiera comérselos.

Corrió la noticia de que el zorro había puesto una escuela y que le pidió a sus vecinos que le enviaran a sus niños para educarlos. Y así llegaron los hijos de los pichones, las palomas, los patos, las gallinas y las águilas. El zorro decía que todos iban muy bien en sus estudios y que pronto los llevaría de regreso a sus casas para que sus padres los pudieran ver. Pero eso no sucedió.

Cada vez que preguntaban por sus hijos, el zorro decía lo mismo:

—Muy pronto se los voy a llevar para que vean todo lo que les he enseñado.

Sin embargo, el águila no le creyó la mentira y decidió ir a buscarlo para saber qué pasaba. Encontró al zorro en el campo, junto a los huesos y las plumas de todas las aves que se había comido con su engaño. Entonces decidió vengarse. Lo invitó a una boda en el cielo, en la que podría comer lo que quisiera.

El zorro aceptó de inmediato y se dejó llevar por el águila. Cuando estaba volando muy alto, soltó al mentiroso, que se fue a estrellar contra una piedra.

—Conque maestro de escuela. Esta es mi venganza por haberte comido a los hijos de tus vecinos.

La piel del venado

Leyenda maya

Los mayas cuentan que hubo una época en la cual la piel del venado era distinta a como hoy la conocemos. En ese tiempo, tenía un color muy claro, por eso el venado podía verse con mucha facilidad desde cualquier parte del monte. Gracias a ello, era presa fácil para los cazadores, quienes apreciaban mucho el sabor de su carne y la resistencia de su piel, que usaban en la construcción de escudos para los guerreros. Por esas razones, el venado era muy perseguido y estuvo a punto de desaparecer de El Mayab.

Pero un día, un pequeño venado bebía agua cuando escuchó voces extrañas; al voltear vio que era un grupo de cazadores que disparaban sus flechas contra él. Muy asustado, el cervatillo corrió tan veloz como se lo permitían sus patas, pero sus perseguidores casi lo atrapaban. Justo cuando una flecha iba a herirlo, resbaló y cayó dentro de una cueva oculta por matorrales. En esta cueva vivían tres genios buenos, quienes escucharon al venado quejarse, ya que se había lastimado una pata al caer.

Compadecidos por el sufrimiento del animal, los genios aliviaron sus heridas y le permitieron esconderse unos días. El cervatillo estaba muy agradecido y no se cansaba de lamer las manos de sus protectores, así que los genios le tomaron cariño.

En unos días, el animal sanó y ya podía irse de la cueva. Se despidió de los tres genios, pero antes de que se fuera, uno de ellos le dijo:

—¡Espera! No te vayas aún; queremos concederte un don, pídenos lo que más desees.

El cervatillo lo pensó un rato y después les dijo con seriedad:

—Lo que más deseo es que los venados estemos protegidos de los hombres, ¿ustedes pueden ayudarme?

—Claro que sí —aseguraron los genios. Luego, lo acompañaron fuera de la cueva. Entonces uno de los genios tomó un poco de tierra y la echó sobre la piel del venado, al mismo tiempo que otro de ellos le pidió al Sol que sus rayos cambiaran de color al animal.

Poco a poco, la piel del cervatillo dejó de ser clara y se llenó de manchas, hasta que tuvo el mismo tono que la tierra que cubre el suelo de El Mayab.

En ese momento, el tercer genio dijo:

—A partir de hoy, la piel de los venados tendrá el color de nuestra tierra y con ella será confundida. Así los venados se ocultarán de los cazadores, pero si un día están en peligro, podrán entrar a lo más profundo de las cuevas, allí nadie los encontrará.

El cervatillo agradeció a los genios el favor que le hicieron y corrió a darles la noticia a sus compañeros. Desde ese día, la piel del venado representa a El Mayab: su color es el de la tierra y las manchas que la cubren son como la entrada de las cuevas. Todavía hoy, los venados sienten gratitud hacia los genios, pues gracias a ellos muchos han logrado escapar de los cazadores y aún habitan la tierra de los mayas.

Horripilantario

Alma Velasco

Murciélago viajero

Cuando un murciélago viaje a la Luna
necesitará tener mucha fortuna:
      comer sándwich de piojo
      que sea pelirrojo,
brincar por las estrellas… de una en una.

El duende chambón

Llegando al callejón de Caramelo
el duende toca con trabajo un chelo…
      chifla una guacamaya
      el grillo se desmaya
un ángel queda sordo allá en el cielo.

Caldero terrorificoso

En un terrorificoso caldero
se ve un gusano batiendo el mugrero:
      pata de mosca prieta,
      pelos de rana atleta…
¿y quién se comerá el fuchi-puchero?

También los insectos son perfectos

Alberto Blanco

El grillo

La noche tiene su brillo,
su música y su silencio…
pues cada estrella es un grillo
entre la hierba del cielo.

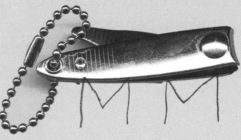

La catarina

La catarina de lejos
me recuerda ciertos rostros
con los lunares muy negros
y con los labios muy rojos.

La abeja

Cuando te vas a acostar
una abeja puedes ser:
tu cama es como un panal
y tus sueños son la miel.

La luciérnaga

En el campo el corazón
y la Luna son hermanos
y las luciérnagas son
estrellitas en las manos.

La hormiga

En esta tierra el viajero
no ha de sentarse un minuto
porque un volcán diminuto
¡puede ser un hormiguero!

El ratón forzudo y el resorte

Saúl Schkolnik

Había una vez un ratón narigudo,
regordete, paticorto y muy forzudo,
que era además muy peleador, presumido
y muy abusador.

A todos los otros ratones trataba siempre
a empujones y, por supuesto, éstos se
encontraban muy molestos. Así las cosas,
un día caminando, caminando, caminando,
se encontró con un resorte. Flaco como un
alambre y bastante chico de porte. Estaba
acurrucado en un rincón de la despensa,
acurrucado, acurrucado, acurrucado.

Acercándose, el ratón le dijo:

—¡Hola, cosa rara, debilucha y enroscada!

El resorte no contestó nada.

—¡Te dije hola! —repitió un tanto enojado. Pero el resorte continuó callado. Para demostrar su irritación, al resorte dio un empujón. Éste, entonces, se estiró y estiró y estiróóóó… y dio al narigón —¡Pling!— en la nariz un coscorrón.

—¿Con que esas tenemos? —se indignó el ratón—. ¡Ahora verás! —y lo empujó con toda la fuerza de que era capaz, lo empujó y lo empujó y lo empujó. El resorte, ¡claro!, de nuevo se achicó, se achicó, se achicóóóó… hasta que hizo —¡Pling!— recobrando su antiguo porte, y el ratón muy sorprendido, salió despedido, con un ojo amoratado y su orgullo destrozado.

Porque a todo esto, muchos ratones se habían reunido para contemplar tan curioso desafío. Al principio, miraban de reojo cómo al forzudo le aumentaba su enojo. Después se oyeron algunas risitas aisladas y, por fin, unas grandes risotadas: —¡Ja, ja, ja!— reían y reían y reían y reían.

Muy, pero muy humillado, el ratón hizo un esfuerzo desesperado y usó toda su fuerza, que era inmensa; pero el resorte, con total indiferencia, otra vez hizo —¡Pling— y partió nuevamente disparado; con el otro ojo también amoratado, el pobre ratón narigudo, regordete, paticorto y orejudo que, al parecer, ya no era tan forzudo.

—¡Snif! Me han vencido —lloraba entre quejido y quejido—. Me venció esa cosa rara, debilucha y enroscada —lloraba, mirando al resorte, flaco como un alambre y chico de porte—. A nadie, nunca más, desafiaré. De nadie, nunca más, me burlaré —prometió.

El traje nuevo del Emperador

Hans Christian Andersen

Había una vez un Emperador tan aficionado a estrenar ropa, que gastaba todo su dinero en trajes elegantes.

Una vez llegaron a la ciudad dos pillos que se hacían pasar por tejedores: aseguraban que sabían tejer las más maravillosas telas. No solamente los colores y los dibujos eran muy hermosos, sino que las prendas confeccionadas con esas telas poseían la virtud de ser invisibles a toda persona que no fuera apta para su cargo o que fuera estúpida.

"¡Deben ser unos vestidos maravillosos!", pensó el Emperador. "Si los tuviera, podría saber qué servidores del reino no son aptos para el cargo que ocupan. Además, podría distinguir entre los inteligentes y los tontos. Haré que se pongan a tejer la tela."

Y ordenó que les dieran un buen adelanto por su trabajo para que pusieran manos a la obra de inmediato. Los pillos montaron un gran telar e hicieron como que trabajaban, pero en realidad no estaban tejiendo nada. Pidieron, eso sí, que les llevaran la seda más fina y el oro de mejor calidad, que se metieron en las bolsas, mientras seguían haciendo la farsa de que trabajaban hasta muy entrada la noche. "Me gustaría saber si ya han avanzado con la tela", pensó el Emperador. Pero algo lo tenía preocupado: que un hombre que fuera estúpido o inepto para su cargo no podría ver la tela que estaban tejiendo. No temía por sí mismo: estaba seguro de que él podría ver la tela, pero por si las dudas,

enviaría primero a uno de sus súbditos para que le dijera cómo andaban las cosas.

Los habitantes de la ciudad sabían muy bien acerca de las virtudes de aquella tela, y todos estaban impacientes por conocer quiénes de los vecinos eran estúpidos o incapaces.

"Le pediré a uno de mis ministros que visite a los tejedores y me informe cómo va su trabajo", pensó el Emperador. "Se trata de un hombre honesto, quizás el más indicado para juzgar las cualidades de la tela, pues es sabio y no hay quien desempeñe el cargo como él."

El ministro se presentó en el lugar en el que trabajaban los dos pillos, que al ver al enviado del emperador siguieron haciendo como que trabajaban en los telares vacíos. "¡No veo ninguna tela!", se dijo el ministro para sus adentros. Sin embargo, prefirió no decir nada.

Los impostores le pidieron que se acercara y le preguntaron si no le parecían maravillosos los dibujos de la tela y bellos sus colores. Le mostraban el telar vacío y el pobre hombre, que seguía sin ver nada, pensó: "¿Seré un tonto, un inútil para ocupar el cargo que tengo? No creo serlo, pero tampoco quiero que nadie dude de mí. Aunque no vea nada, voy a decir que veo la tela."

—¿Qué le parece, señor? —preguntó uno de los dizque tejedores.

—Me parece maravillosa. Tanto los dibujos como los colores son estupendos. Le hablaré al Emperador acerca de sus virtudes.

Los estafadores, al ver que el ministro quedaba convencido, aprovecharon para pedir más dinero, seda y oro, ya que lo necesitaban para seguir tejiendo. Todo fue a parar, por supuesto, a sus bolsillos.

Poco después el Emperador mandó a otro funcionario de su confianza a conocer los avances e informarse de si quedaría pronto lista la tela. Le ocurrió lo que al viejo ministro: por más que lo intentó no pudo ver nada. Sin embargo, le dijo al monarca que la tela era una belleza.

Todos los habitantes de la capital hablaban de la magnífica tela, tanto que el Emperador quiso verla antes de que la sacaran del telar.

—¿Verdad que es maravillosa? —preguntaron los dos funcionarios—. Fíjese bien en la definición de los colores y la calidad de los dibujos —y señalaban el telar vacío.

"¡Cómo!", pensó el Emperador. "¡No veo nada! ¡Esto es terrible! ¿Seré tan tonto? ¿Acaso no sirvo para Emperador?".

—¡Oh, sí, es muy hermosa! Me gusta mucho.

Y con un gesto de aprobación miraba el telar vacío. No se le ocurrió confesar que no veía nada.

Durante la noche anterior a la fiesta en la que estrenaría su nuevo traje, los dos embaucadores se hicieron ver por toda la gente: simulaban que quitaban la tela del telar, la cortaban con sus grandes tijeras y cosían cada parte con agujas que no contenían ningún hilo de seda.

—¡Por fin está listo el vestido!

Llegó más tarde el Emperador

acompañado de sus caballeros. Luego de saludarlo, los dos pillos levantaron los brazos como si sostuvieran algo.

—Estos son los pantalones y esta es la camisa —dijo uno.

—Aquí tiene el saco, su majestad —dijo el otro—. Las prendas son tan ligeras que parecen estar hechas con tela de araña. Cuando se lo ponga va a sentir como si no tuviera nada puesto, esta es otra de las ventajas de la tela.

—¡Así es! —asintieron todos los cortesanos, a pesar de que no veían las supuestas prendas que los tejedores mostraban.

—¿Quiere su majestad hacernos el favor de quitarse el traje que lleva para que podamos vestirle el nuevo delante del espejo?

El Emperador se quitó la ropa que llevaba puesta, y los dos pillos simularon ponerle las diversas piezas de su nuevo vestido. Al final, le pidieron que se viera ante el espejo.

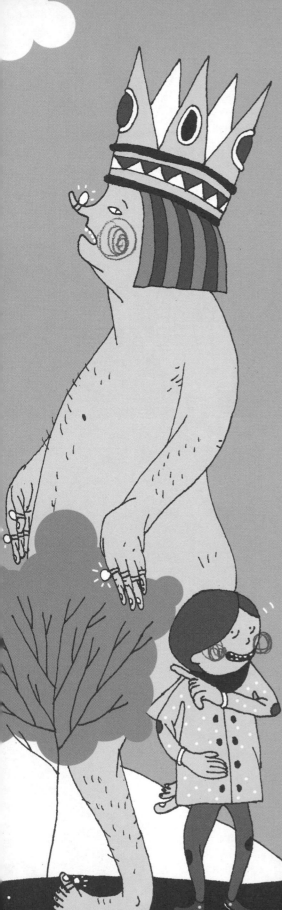

—¡Qué bien le sienta su nueva vestimenta, le va estupendamente! —exclamaron todos— ¡Qué tela tan hermosa! ¡Vaya dibujo y vaya colores!

—La carroza en la cual irá su majestad a las fiestas aguarda ya en la calle —le anunciaron.

—Ya casi estoy listo —dijo el Emperador—. ¿Verdad que me queda bien? —y se volvió a mirar al espejo para que creyeran que podía ver el traje.

Los ayudantes encargados de llevar la cola bajaron las manos al suelo como para levantarla y avanzaron con ademán de sostenerla en el aire. Nunca se les hubiera ocurrido confesar que no veían nada. Y de este modo echó a andar el Emperador rumbo a la carroza, mientras la gente decía:

.—¡Qué hermoso es el nuevo traje del Emperador! ¡Qué magnífica cola!

Nadie permitía que los demás se dieran cuenta de que nada veía para no ser señalado como incapaz en su cargo o como tonto.

—¡Pero si no lleva nada! —dijo de pronto un niño.

—¡Escuchen la voz de la inocencia! —dijo su padre, y todo el mundo se fue repitiendo al oído lo que acababa de decir el pequeño.

—¡El Emperador no lleva nada puesto! Es un niño el que lo dice.

—¡Pero si no lleva nada! —dijeron al fin todos.

Aquello inquietó al Emperador, pues sabía que el pueblo tenía la razón. Sin embargo pensó: "Hay que aguantar hasta el final." Y siguió más altivo que antes, mientras sus ayudantes continuaban sosteniendo la inexistente cola.

Adivinanzas

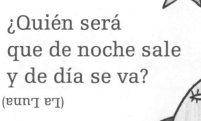

Adivina quién soy:
entre más lavo
más sucia estoy.

(El agua)

Pequeño como una pera,
alumbra la casa entera.

(El foco)

Sube llena
y baja vacía.
Si no se da prisa,
la sopa se enfría.

(La cuchara)

¿Quién será
que de noche sale
y de día se va?

(La Luna)

Historia
de sirenas

Gabriela Huesca

En una cima
una montaña
encima, encima, arriba
alto muy alto.

Vive un cerezo
muy perfumado
claro, bien claro, arriba
alto muy alto.

Se abre una puerta
de flores blancas
hay un camino
que llega al mar.

Lluvia el abuelo
de pelo largo
largo muy largo, lluvia
largo muy largo.

Hay una sola
sirena sola
que canta sola
sobre las olas.

Recita historias
sobre sirenas
que se enamoran
aguas serenas.

Le canta a un niño
niño sireno
que vive lejos, alto
en la montaña lejos.

Sirenas reinas…

En un cerezo
muy perfumado
hay un camino, vivo
que llega al mar.

Corales lirios
lirios, corales
forman coronas
todas las tardes.

Se balancean juntas
sobre las olas
cantando siempre juntas
sobre las olas.

El mago Merlín y el rey Arturo

Anónimo

Hace ya muchos años, cuando Inglaterra estaba formada por varios reinos que estaban siempre en guerra, nació Arturo, el hijo del rey Uther.

La madre del niño murió después del parto. El padre decidió entonces encargarle al mago Merlín la educación de su hijo, que lo llevó al castillo de un noble en el que habitaba también un niño llamado Kay. Merlín no dijo que se trataba del príncipe Arturo para garantizar su seguridad.

Por las mañanas, Merlín le enseñaba todo lo que sabía acerca de las ciencias conocidas por el hombre. Y también lo introducía en conocimientos del futuro e incluso de la magia.

Con el paso de los años, el rey Uther murió sin que nadie supiera que había tenido un hijo que, por lo tanto, era el legítimo heredero del trono. Había un gran desconcierto en la corte porque nadie sabía quién sería el sucesor del rey.

Fue Merlín quien ideó la forma de encontrar al monarca sucesor: hizo aparecer sobre una roca una espada firmemente clavada a un yunque de hierro, con una leyenda que decía:

Esta es la espada Excalibur. Quien consiga sacarla de este yunque, será el rey de Inglaterra.

Muchos nobles probaron fortuna pero, a pesar de empeñar todas sus fuerzas, no consiguieron mover la espada ni un milímetro.

Arturo y Kay, que eran ya dos jóvenes, habían ido a la ciudad para asistir a un torneo en el que Kay pensaba participar.

Cuando ya se aproximaba la hora de la competencia, Arturo se dio cuenta de que había olvidado la espada de Kay en la posada.

Salió corriendo a toda velocidad, pero cuando llegó, la puerta estaba cerrada.

Arturo no sabía qué hacer, pues sin su espada Kay no podría participar en el torneo. En su desesperación, miró alrededor y descubrió la espada Excalibur. Se acercó a la roca y tiró del arma. En ese momento, un rayo de luz descendió sobre él y Arturo extrajo la espada sin ningún problema. Corrió hasta Kay y se la ofreció. El joven se extrañó al ver que no era la suya. Arturo le explicó lo ocurrido. Como Kay vio que se trataba de Excalibur, se lo dijo a su padre, que le ordenó a Arturo que la volviera a colocar en su lugar.

Nuevamente los nobles intentaron sacarla, pero ninguno lo consiguió. Entonces, Arturo tomó la empuñadura entre sus manos. Sobre su cabeza volvió a descender un rayo de luz y Arturo extrajo la espada sin el menor esfuerzo.

Todos admitieron que aquel muchacho sin ningún título conocido debía llevar la corona. Y así fue como el rey Arturo gobernó Inglaterra con justicia.

Un cuadro

Javier España

Miro en la pared un cuadro.
no es un cuadro,
es una ventana mordisqueando
un paisaje.
No es una ventana,
es un hombre mirando mis ojos.
No es un hombre,
son mis ojos mirando una pared.
No es una pared,
es un cuadro de un hombre
mirando una pared.
No es una pared.
No es una ventana.
No es un hombre.

Apaga mi papá las luces.
El mundo deja de existir.

El sapo verde

Carmen Gil

Ese sapo verde
se esconde y se pierde;
así no lo besa
ninguna princesa.

Porque con un beso
él se hará princeso
o príncipe guapo;
¡y quiere ser sapo!

No quiere reinado,
ni trono dorado,
ni enorme castillo,
ni manto amarillo.

Tampoco lacayos
ni tres mil vasallos.
Quiere ver la Luna
desde la laguna.

Una madrugada
lo encantó alguna
hada;
y así se ha quedado:
sapo y encantado.

Disfruta de todo:
se mete en el lodo
saltándose, solo,
todo el protocolo.

Y le importa un pito
si no está bonito
cazar un insecto;
¡que nadie es perfecto!

¿Su regio dosel?
No se acuerda de él.
¿Su sábana roja?
Prefiere una hoja.

¿Su yelmo y su escudo?
Le gusta ir desnudo.
¿La princesa Eliana?
Él ama a una rana.

A una rana verde
que salta y se pierde
y mira la Luna
desde la laguna.

La plaza
tiene una torre

Antonio Machado

La plaza tiene una torre,
la torre tiene un balcón,
el balcón tiene una dama,
la dama, una blanca flor.
Ha pasado un caballero
—¡quién sabe por qué pasó!—
y se ha llevado la plaza,
con su torre y su balcón,
con su balcón y su dama,
su dama y su blanca flor.

Adivinanzas

Podrás tocarlo,
podrás cortarlo,
pero nunca contarlo.

(El pelo)

Todos me pisan a mí
y yo a nadie piso.
Todos preguntan por mí
y yo no pregunto a nadie.

(La calle)

Soy blanca como la nieve
y dulce como la miel.
Yo alegro los pasteles
y la leche con café.

(El azúcar)

Así son
las cosas

Monique Zepeda

La Luna tiene una luz por dentro.
Nadie sabe quién la enciende.
Mi papá la apaga.
Cuando no está mi papá,
la Luna se queda encendida
toda la noche.

Si uno come pan,
se hace de noche.
Si uno come mango
se hace de día.

No siempre funciona.

El Sol sabe salado.
La Luna, dulce.
El aire tiene picos
y dicen que las nubes
son tibias.
También dicen más cosas
y han sido mentira.
Los grandes
se enamoran de noche.
Nosotros, de día.

No sé qué tengo,
cansancio de pies,
ganas de sentarme.
El aire parece sucio,
pocos rayos tiene el Sol.

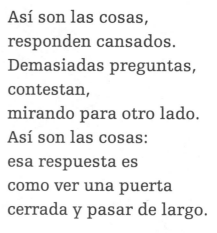

El mundo ya estaba todo
cuando yo llegué.

Quizás se olvidaron de poner
una silla para mí.

Cuando era pequeño,
mi hermana sacaba
una cubeta con agua al patio.
Por si se cae la Luna, decía.

Siempre tuvo buen tino.

Así son las cosas,
responden cansados.
Demasiadas preguntas,
contestan,
mirando para otro lado.
Así son las cosas:
esa respuesta es
como ver una puerta
cerrada y pasar de largo.

Yo tengo una llave
y seguiré probando.
Puede ser que un día,
después de tanta cerradura,
se gaste la llave;
y yo mismo diga:
así son las cosas.

No lo creo.

Cuando sea grande

Álvaro Yunque

Mamá, cuando sea grande,
voy a hacer una escalera
tan alta que llegue al cielo,
para ir a buscar estrellas.

Me llenaré los bolsillos
de estrellas y cometas,
y bajaré a repartirlas
a los chicos de la escuela.

Pero a ti voy a traerte,
mamita, la luna llena,
para que alumbres la casa
sin gastar en luz eléctrica.

Estaba el señor don Gato

Anónimo

Estaba el señor don Gato
sentadito en su tejado.

Ha recibido una carta:
que si quiere ser casado
con una gatita blanca
sobrina de un gato pardo.

Llegó la señora Gata
con vestido muy planchado,
con mediecitas de seda
y zapatos rebajados.

El Gato por darle un beso
se cayó tejado abajo:
se rompió siete costillas,
el espinazo y el rabo.

Ya lo llevan a enterrar
por la calle del pescado.

Al olor de las sardinas
el Gato ha resucitado.

Por eso dice la gente:
siete vidas tiene un gato.

El ave
extraordinaria

Leonardo da Vinci

Hace mucho tiempo, un viajero recorrió medio mundo en busca del ave extraordinaria. Aseguraban los sabios que lucía el plumaje más blanco que se pudiera imaginar. Decían además que sus plumas parecían irradiar luz, y que era tal su luminosidad que nunca nadie había visto su sombra.

¿Dónde encontrarla? Lo ignoraban. Desconocían hasta su nombre.

El viajero recorrió el bosque, la costa, la montaña. Un día, junto al lago, distinguió un ave inmaculadamente blanca. Se acercó con sigilo, pero ella sintió su presencia y levantó vuelo. Su sombra voladora se dibujó sobre las aguas del lago.

—Es sólo un cisne —se dijo entonces el viajero, recordando que el ave extraordinaria no tenía sombra.

Algún tiempo después, en el jardín de un palacio, vio un ave bellísima. Estaba en una gran jaula de oro y su plumaje resplandecía en el sol.

El guardián del jardín adivinó lo que pensaba y le advirtió:

—Es sólo un faisán blanco, no es lo que buscas.

El viajero incansable recorrió muchas tierras, países, continentes...

Llegó hasta el Asia y allí, en un pueblo, conoció a un anciano que dijo saber dónde se encontraba el ave extraordinaria. Juntos escalaron una montaña. Cerca de la cumbre, vieron al gran pájaro incomparable.

Sus plumas, esplendorosamente blancas, irradiaban una luz sin igual.

—Se llama Lumerpa —dijo el anciano—. Cuando muere, la luz de su plumaje no se apaga. Y si alguien le quita entonces una pluma, ésta pierde al momento su blancura y su brillo.

Allí terminó la búsqueda. El viajero volvió a su tierra feliz, como si una parte de aquel resplandor lo iluminara por dentro. Y aseguró que el plumaje de Lumerpa era como la fama bien ganada y el buen nombre y el honor, que no pueden quitarse a quien los posee y que siguen brillando aun después de la muerte.

Alimañas

Lucía Bayardo

Las luciérnagas

Todas ellas vuelan diciendo
en su trayecto nocturno y vago:
"Aquí mejor la enciendo."
"Aquí mejor la apago."

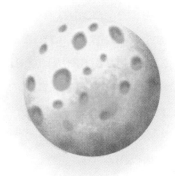

Los ratones

Miran al cielo con embeleso
Porque saben que la Luna es de queso.

El burro
enfermo

Anónimo

A mi burro, a mi burro
le duelen las pezuñas,
el médico le ha puesto
emplasto de lechuga.

A mi burro, a mi burro
le duele la cabeza,
el médico le ha puesto
una corbata negra.

A mi burro, a mi burro
le duele el corazón,
el médico le ha dado
jarabe de limón.

A mi burro, a mi burro
le duele la garganta,
el médico le ha puesto
una corbata blanca.

A mi burro, a mi burro
ya no le duele nada,
el médico le ha dado
jarabe de manzana.

A mi burro, a mi burro
le duelen las orejas,
el médico le ha puesto
una gorrita negra.

La olla de barro

Cuento popular de la India

Había una vez un rico lechero que tenía muchos trabajadores en su lechería. Le pidió a uno de ellos, llamado Ashok, que llevara una olla llena de mantequilla a un cliente de un pueblo cercano. A cambio, le prometió unas monedas extras.

Ashok, muy contento, se puso la olla encima de la cabeza y se encaminó rumbo al pueblo cercano. Mientras caminaba iba pensando: "Con el dinero extra que me va a dar el patrón voy a comprar unas gallinas, que pronto se van a multiplicar."

En poco tiempo voy a tener unas mil. Luego las venderé y con el dinero que gane voy a comprar cabras.

Se reproducirán, venderé parte de ellas y así podré comprar una granja. Con la granja ganaré tanto dinero que me servirá para comprar telas y me haré comerciante. Será maravilloso.

Me casaré con una mujer hermosa, tendré una rica mansión y, naturalmente, dispondré de un excelente cocinero para que me prepare los platillos más deliciosos. Y si un día no me hace bien la comida, le daré una cachetada."

Al pensar en darle la cachetada al cocinero, Ashok levantó la mano, con lo cual provocó que se cayera la olla con la mantequilla y se rompiera en mil pedazos. Desolado, regresó al pueblo y se enfrentó con su patrón, que le reclamó:

—¡Me hiciste perder las ganancias de toda una semana!

Y Ashok contestó:

—¡Y yo he perdido las ganancias de toda una vida!

El collar de la verdad

Cuento popular

Había una vez una niña llamada Falsaria que sólo sabía hablar con mentiras. Después de haber probado varios remedios para corregirla, sus padres resolvieron llevarla con el mago Dantán, que era célebre en toda la Tierra y, además, amigo de la verdad. Para decirlo de una vez por todas: era famoso porque lograba que los mentirosos dijeran la verdad.

Vivía en un palacio hecho con ladrillos transparentes para que todo el mundo supiera que no tenía nada que ocultar. Era capaz de reconocer a los mentirosos sólo por su olor. En cuanto llegó la niña, acompañada de sus padres, Dantán sintió de inmediato que un amargo olor se le metía por las narices.

—Mi hija Falsaria está enferma de... —trató de decir la madre, pero el mago no la dejó continuar.

—Sé muy bien de qué se trata, señora. Apenas se abrió la puerta, olí esa desagradable peste de la mentira.

La pequeña Falsaria se puso roja de la vergüenza. No sabía dónde meterse.

—No tengas miedo, pequeña —le dijo Dantán tapándose las narices con los dedos—, voy a ayudarte.

Junto a él había un enorme ropero lleno de cajones. El mago abrió uno de ellos y sacó un collar de perlas engarzadas con hilo de oro.

Lo tomó, lo vio durante unos segundos y lo tocó con su varita mágica. Luego se lo puso al cuello a Falsaria.

—Querida niña, este collar que llevas puesto te cuidará durante el próximo año. Confía en él.

—Muchas gracias, muchas gracias —no dejaba de decir, contenta del buen trato que le había dado Dantán.

—Dentro de un año —continuó el mago— tendrás que regresármelo. Lo único que te pido a cambio de que lo lleves puesto es que en ningún momento te lo quites.

—¿Quitármelo? ¡Imposible! Es el collar más hermoso que haya visto en la vida.

—¡Qué bueno que así lo pienses! Te deseo la mejor de las suertes —se despidió el mago—. Y te recuerdo que si te lo quitas, tendrás un duro castigo.

A la mañana siguiente Falsaria fue a la escuela. Como tenía varios días sin asistir, sus compañeras quedaron admiradas por la belleza del collar.

—¿De dónde lo sacaste? —le preguntaron.

En ese entonces todos sabían que Dantán era conocido por ser el médico de los mentirosos. Aun así la niña dijo lo primero que le vino a la cabeza:

—Sucede que, como he estado muy enferma, mis padres me regalaron este hermoso collar.

Sus compañeras se quedaron mudas de pronto: las fabulosas y brillantes perlas del collar perdieron su brillo repentinamente y se pusieron de color gris.

—¿Por qué me miran con esos ojos? —preguntó Falsaria—. ¿Les parece raro que haya estado muy enferma?

Las perlas grises y sin brillo del collar se tornaron, al repetir la mentira, en pequeñas piedras negras. Entonces la niña se dio cuenta de lo que había sucedido con el collar y confesó:

—La verdad, he estado en casa del mago Dantán.

En cuanto terminó de hablar, las perlas volvieron a recobrar el brillo y el color.

Sin embargo, las amigas que la escuchaban se rieron de ella.

—Si creen que el mago simplemente nos recibió, no fue así. Nos envió su carroza, con seis caballos blancos...

Nuevamente el collar empezó a perder poco a poco su belleza.

—Y al llegar a su palacio de cristal nos pusieron una alfombra roja...

Para entonces las perlas ya eran unas tristes piedritas negras. Las carcajadas de sus compañeras estallaron de inmediato al tiempo que Falsaria volvió a ver que su collar era el más feo que hubiera visto en su vida.

—Será mejor que nos digas la verdad —dijo una de las niñas que escuchaba el relato de la mentirosa.

—Está bien, está bien, no llegamos en ninguna carroza. Lo hicimos a pie y tan sólo nos recibió el mago por cinco minutos.

El collar, al instante, volvió a lucir bello y resplandeciente.

—¿Y ese collar tan hermoso? ¿De dónde lo sacaste?

—El mago Dantán me lo regaló porque, según él, un collar así sólo podría tenerlo alguien como yo, ¿comprendes?

No acabó de hablar cuando el collar empezó a encogerse. Cada vez le oprimía más la garganta.

—Hay algo que no nos estás diciendo —le reclamaron sus compañeras.

Ya casi sin respiración, Falsaria gritó:

—¡La verdad, me dijo que yo era una mentirosa! —poco a poco dejó de sentirse estrangulada—. Por eso me dio este collar, que es un guardián de la verdad.

—¿Y por qué no te lo quitaste? —le preguntó una niña entre burlas—. Tan fácil como quitártelo y seguir diciendo mentiras.

En ese momento, el collar se puso a bailar, tanto que las perlas chocaban entre sí haciendo un ruido espantoso.

—Hay algo que todavía nos ocultas —prosiguieron las niñas.

—Es que quiero guardarlo, me gusta mucho.

Las perlas seguían bailando alocadamente.

—Tienes alguna otra razón para conservarlo.

—Como ya no puedo mentirles, les diré la verdad: el mago Dantán me prohibió quitármelo bajo pena de un gran castigo.

Inmediatamente el collar se calmó.

Y así pasó el tiempo hasta que se cumplió el año. Falsaria había dejado de mentir y su collar de despertar la curiosidad entre sus compañeras.

El mago Dantán se presentó un día en casa de la niña, llevado por una carroza y seis caballos blancos, y le quitó el collar: le dijo que había otra niña sumamente enferma de mentiras y que lo necesitaba con urgencia.

Horripilantario

Alma Velasco

Disparate del ogro

El ogro desde ayer no come nada,
no quiere niño asado ni tostada…
　　　y no hay quien lo rescate
　　　del gran gran disparate
¡se enamoró de una mosca morada!

Muerte de un monstruo

¡Una gota de veneno es preciosa
para dar una muerte espantosa!
　　　Si un monstruo se la traga
　　　lo hiere como daga:
¡pumm! Hasta el suelo… su muerte
es monstruosa…

El búho musical

Con elegancia y donaire este búho
busca un flautista, cantar en un dúo,
　　　se pone una corbata
　　　cosida en piel de rata
y empieza a ulular su concierto: ¡Uúoo!

El molinillo de los **enanos** colorados

Anónimo

Hace muchos años, había dos hermanos que eran pescadores. El mayor, Shiro, tenía grandes barcos, redes nuevas y una bonita casa. En cambio Jun, el menor, era pobre: sus redes eran viejas y, por más que trabajaba, no conseguía lo suficiente para vivir bien.

Una mañana, Jun salió a pescar en su pequeña barca. Después de un día completo de trabajo, no pudo pescar nada. Por eso fue a casa de Shiro y le dijo:

—Hermano, he trabajado todo el día y no he pescado ni un solo pez. Dame un poco de arroz para que mi familia pueda comer.

Shiro le cerró la puerta en las narices y gritó:

—¡Déjame en paz! Así aprenderás a cuidar a los tuyos.

El pobre Jun volvía triste a su casa cuando, de pronto, en un recodo del camino, encontró a un viejo de barba blanca. El anciano le dijo con voz dulce:

—Jun, tú eres un buen hombre. Por eso he venido a ayudarte. Los enanos colorados tienen un molinillo mágico que a ti te va a servir mucho. Ve a buscarlos y llévales este tarro de mermelada de cereza. A ellos les gusta tanto, que seguramente te lo cambiarán por el molinillo.

—¿Y para qué sirve ese molinillo? — preguntó Jun.

—Si giras la manivela a la derecha, puedes pedir un deseo. Cuando quieras que el molinillo se detenga, debes decirle: "Gracias, molinillo, ya tengo suficiente." Luego, giras la manivela hacia la izquierda y asunto terminado. Lo único que no puedes hacer es contarle a nadie para qué sirve, ni cómo funciona el molinillo.

El joven pescador agradeció al viejo lo que hacía por él y se dirigió hacia el lugar donde vivían los enanos colorados.

Todo sucedió tal y como se lo dijo el anciano. El rey de los enanos colorados le dijo:

—¿Qué quieres a cambio de ese delicioso tarro de mermelada de cereza?.

—El molinillo —se apuró a decir Jun.

En poco tiempo se pusieron de acuerdo y todos estuvieron felices con el intercambio. A partir de entonces, cambió la vida de Jun. Lo primero que le pidió al molinillo fue que le moliera una casa nueva. Luego pidió una barca nueva y redes y comidas y dinero... Cada vez que tenía suficiente de cada cosa, giraba la manivela hacia la izquierda y decía: "Gracias, molinillo, ya tengo suficiente."

El joven pescador se hizo rico y, como tenía buen corazón, se portaba generoso con todos sus vecinos. Cuando Shiro se enteró de la riqueza de su hermano, se puso verde de envidia y corrió a visitarlo:

—Querido hermano, ¿cómo has conseguido tanto dinero?

Jun recordaba lo que le había dicho el anciano. Por eso, no le dijo nada. Pero Shiro no se quedó contento con eso. Desde ese día, comenzó a espiar a su hermano para descubrir su secreto. Una noche vio a Jun, a través de la ventana, justo cuando tomaba el molinillo y le decía:

—Molinillo, muéleme un poco de dinero. Quiero repartirlo entre los pescadores que perdieron sus barcas en la tormenta.

Shiro se escondió para no ser descubierto, esperó a que su hermano saliera de casa, entró y robó el molinillo. Luego decidió viajar a tierras lejanas.

Pasaron muchos días de travesía, hubo varias tormentas y se perdió parte del equipaje y toda la sal. Un día, Shiro notó que a la comida le faltaba sabor. Por eso, se fue a su camarote, giró la manivela a la derecha y dijo:

—Molinillo, muéleme sal.

El molinillo comenzó a hacer lo que le habían pedido. Cuando ya tuvo bastante, Shiro exclamó:

—Deja de moler, ya tengo suficiente sal.

Pero el molinillo seguía moliendo y moliendo. Shiro no sabía que debía girar la manivela hacia la izquierda para detenerlo.

—¡Deja ya de moler sal, maldito molinillo! —gritaba desesperado.

Pero el molinillo molía y molía.

Primero se llenó de sal el camarote y luego, la cubierta. Por último, el barco no pudo soportar tanto peso y se hundió. Y, como nadie giraba la manivela hacia la izquierda, el molinillo seguía moliendo sal. Por eso dicen que el agua del mar es salada.

Los dos amigos

Germán Berdiales

Un enano y un gigante
se encontraron una vez.
Y al principio conversaron
con muchísimo interés.

El enano se empinaba
en la punta de los pies
y el gigante, agachadito,
lo escuchaba lo más bien.

Pero al tiempo sus visitas
no pudieron continuar,
al enano le dolían
las puntitas de los pies
y al gigante la cintura
se le estaba por romper.

Y pensando la manera
de encontrar la solución
el gigante su gran mano
al enano le tendió
y el enano de un saltito
muy feliz se acomodó.

Adivinanzas

Lleva un abrigo
amarillo y largo.
Si quieres comértelo,
tienes que quitárselo.

(El plátano)

Si los abro, veo.
Si los cierro, sueño.

(Los ojos)

Blanca por dentro,
verde por fuera.
Si quieres que te lo diga,
espera.

(La pera)

El asno disfrazado

José Rosas Moreno

Muy serio y arrogante caminaba
  una vez un elefante;
todos lo respetaban, todos al
contemplarlo se inclinaban; hasta un
mono muy pillo y muy ligero, saltando
de alegría, le dijo lisonjero:
  —Tengo el honor de saludarlo y con
solemne pompa, no sé qué bicho le
besó la trompa.

Pero lo más gracioso es que aquel
elefante poderoso, de elefante, en
verdad, sólo tenía la piel que el vulgo
  con placer veía, pues era un pobre
  burro despreciado, con la piel de
elefante disfrazado.

Yo sé por experiencia que así
engaña en el mundo la apariencia.

Bibliografía

- © Bartolomé, Efraín (1991). *Mínima Animalia*. México: Centro de Información y Desarrollo de la Comunicación y la Literatura Infantiles (CIDCLI).
- © Bayardo, Lucía (2006). *Alimañas*. México: Almadía.
- © Blanco, Alberto (1993). *También los insectos son perfectos*. México: Centro de Información y Desarrollo de la Comunicación y la Literatura Infantiles (CIDCLI).
- © Deltoro, Antonio. "Pies", en *Hago de voz un cuerpo*. México: Fondo de Cultura Económica.
- © España, Javier (2004). "Un cuadro", en *La suerte cambia la vida*. México: Fondo de Cultura Económica.
- © Juan Farias, 1980. "Los pájaros", en *Algunos niños, tres perros y más cosas*. © Espasa Libros, S.L.U., Madrid – España, 2009
- © García Tejeiro, Antonio. "En medio del puerto". Ediciones del Sur.
- © Gil, Carmen. "El sapo verde", en *¡Cuánto, cuento!* Editorial Algar, Alzira. España.
- © González Lanuza, Eduardo (1980). "Lección", en *El pimpirigallo y otros pajaritos*. Buenos Aires: Librería Huemul.
- © Huesca, Gabriela. *Historias de sirenas,* México.
- © Ibarbourou, Juana de (1945). "Tres canciones de Natacha", en *Los sueños de Natacha*. Montevideo.
- © Machado, Antonio. "La plaza tiene una torre". España: Ediciones de La Torre.
- © Mistral, Gabriela. "Dame la mano". España: Ediciones de La Torre.
- © Rugeles, Manuel Felipe (1998). *¡Canta pirulero!* (Barcos de Papel). Caracas: Ediciones Niebla.
- © Schkolnik, Saúl (1996). *El ratón forzudo y el resorte* (A la Orilla del Viento). México: Fondo de Cultura Económica.
- © Velasco, Alma (2008). *Horripilantario*. España: Fineo Editorial.
- © Yunque, Álvaro (1988). "Cuando sea grande". Argentina: Heredera Alba Gandolfi.
- © Zepeda, Monique (2007). "Así son las cosas", en *Tigre callado escribe poesía*. México: Ediciones el Naranjo.

Índice temático

TEMAS

	Pies	Un sueño	Debajo de un botón	Barcos de papel	Lección	El pastor y el ruiseñor	En medio del puerto	El elefante y la hormiga	Los dos gallos	Alimañas	El rey mocho	La tortuga y la hormiga	La señora Tortuga va de boda	El anciano y el niño	La araña Mizguir	Los pájaros	Tres canciones de Natacha	El gato y los gorriones	El relojito	Estaba una pastora	El príncipe y el mendigo	Dame la mano	Fábula	La zorra y el león	Las tres plumas	Mínima animalia	Gato y perro, perro y gato
Amistad					★						★	★	★			★					★	★					★
Amor																	★	★							★		
Animales		★	★		★	★		★	★	★		★	★	★	★	★	★	★			★			★	★	★	★
Arte			★	★	★	★	★		★	★	★			★	★	★	★	★	★	★	★		★	★	★	★	
Crecimiento y maduración	★										★						★										
Discriminación									★					★										★			
Discapacidad											★																
Diversidad											★																
Escuela			★	★	★	★	★		★	★			★					★		★			★	★	★	★	
Familia																	★	★			★				★		★
Miedo									★																		
Pérdida																											★

VALORES

	Pies	Un sueño	Debajo de un botón	Barcos de papel	Lección	El pastor y el ruiseñor	En medio del puerto	El elefante y la hormiga	Los dos gallos	Alimañas	El rey mocho	La tortuga y la hormiga	La señora Tortuga va de boda	El anciano y el niño	La araña Mizguir	Los pájaros	Tres canciones de Natacha	El gato y los gorriones	El relojito	Estaba una pastora	El príncipe y el mendigo	Dame la mano	Fábula	La zorra y el león	Las tres plumas	Mínima animalia	Gato y perro, perro y gato
Justicia																					★	★					
Respeto								★			★			★							★						
Libertad		★			★																						
Responsabilidad												★															
Honestidad																									★		
Solidaridad							★														★						★
Tolerancia											★																
Gratitud																											
Bondad																				★							
Lealtad																											
Fortaleza												★															
Generosidad																					★						
Perseverancia	★	★										★	★												★		★
Creatividad	★		★	★	★	★	★		★	★	★	★	★	★	★	★	★	★	★	★	★		★	★	★	★	★
Cooperación																											
Integridad		★																									
Valentía	★																								★		

GÉNEROS

	Pies	Un sueño	Debajo de un botón	Barcos de papel	Lección	El pastor y el ruiseñor	En medio del puerto	El elefante y la hormiga	Los dos gallos	Alimañas	El rey mocho	La tortuga y la hormiga	La señora Tortuga va de boda	El anciano y el niño	La araña Mizguir	Los pájaros	Tres canciones de Natacha	El gato y los gorriones	El relojito	Estaba una pastora	El príncipe y el mendigo	Dame la mano	Fábula	La zorra y el león	Las tres plumas	Mínima animalia	Gato y perro, perro y gato
Cuento		★			★			★	★		★	★	★	★	★	★		★			★			★	★		★
Fábula																								★			
Canción																											
Refrán																											
Rimas							★																				
Poesía	★		★	★	★		★										★					★				★	
Leyenda																											
Trabalenguas																											
Juego popular																			★	★							
Adivinanzas																											

	Alimañas	El zorro maestro	La piel del venado	Horripilantario	También los insectos son perfectos	El ratón forzudo y el resorte	El traje nuevo del emperador	Adivinanzas	Historia de sirenas	El mago Merlín y el rey Arturo	Un cuadro	El sapo verde	La plaza tiene una torre	Adivinanzas	Así son las cosas	Cuando sea grande	Estaba el señor don Gato	El ave extraordinaria	Alimañas	El burro enfermo	La olla de barro	El collar de la verdad	Horripilantario	El molinillo de los enanos colorados	Los dos amigos	Adivinanzas	El asno disfrazado
TEMAS																											
Amistad			★																						★		
Amor												★	★		★		★										
Animales	★	★	★	★	★	★						★					★	★	★	★				★			★
Arte	★		★	★	★	★	★	★	★	★	★		★	★	★	★		★	★	★	★	★	★	★	★	★	★
Crecimiento y maduración					★					★						★											
Discriminación																											
Discapacidad																											
Diversidad																		★				★					
Escuela	★		★			★	★	★	★	★	★	★		★	★	★		★			★	★	★			★	★
Familia										★							★	★				★		★			
Miedo						★																					
Pérdida		★								★																	
VALORES																											
Justicia		★				★																		★			
Respeto																★						★					
Libertad												★															
Responsabilidad																					★			★			
Honestidad							★					★										★					
Solidaridad			★																								
Tolerancia																											
Gratitud																				★							
Bondad			★																								
Lealtad																											
Fortaleza						★																					
Generosidad			★							★												★		★	★		
Perseverancia															★	★	★	★									
Creatividad	★	★		★	★	★	★	★			★	★	★	★	★	★	★	★	★	★	★	★	★	★	★	★	★
Cooperación																											
Integridad																	★										
Valentía																											
GÉNEROS																											
Cuento		★				★	★			★							★				★	★		★	★		★
Fábula																											
Canción																											
Refrán																											
Rimas	★																										
Poesía				★	★				★		★	★	★		★	★	★		★	★			★				
Leyenda			★																								
Trabalenguas																											
Juego Popular																											
Adivinanzas								★						★												★	

Dirección editorial: Patricia López Zepeda

Coordinación editorial: Rodolfo Fonseca

Antologador: Francisco Hinojosa

Coordinación de diseño: Renato Aranda

Diseño de portada e interiores: Erre con Erre Diseño

Ilustración de portada: Margarita Sada

Ilustraciones de interiores:
Margarita Sada (pp.1, 24-25, 34-35, 56-58, 84, 93),
Alejandro Magallanes (pp. 4-5, 8, 9, 20-22, 37, 48-53, 66-67, 85),
Julián Cicero (pp.6-7, 11, 17, 43, 46-47, 88, 102-105),
Mónica Miranda (pp.10, 38-39, 60-61, 75, 89, 103, 106),
Valeria Gallo (pp.12-13, 23, 40-42, 54-55, 65, 78-80, 94-95, 101),
Juan Gedovius (pp. 14-16, 28-29, 36, 68-69, 81, 90-91),
Ángel Campos (pp. 18-19, 30-33, 59, 76-77, 82-83, 86-87, 92, 107),
Santiago Solís (pp. 26-27, 44-45, 62-64, 70-74, 96-100, 102, 108)

Primera edición: Enero 2010
Quinta reimpresión: Octubre de 2015
Cuéntame 2 D. R. © 2009, Ediciones Castillo, S. A. de C. V.
Todos los derechos reservados.
Castillo ® es una marca registrada.

Insurgentes Sur 1886, Col. Florida
Del. Álvaro Obregón
C. P. 01030, México, D. F.
Tel.: (55) 5128-1350
Fax: (55) 5528-1350 ext. 2899

Ediciones Castillo forma parte del Grupo Macmillan
www.grupomacmillan.com
www.edicionescastillo.com
infocastillo@grupomacmillan.com
Lada sin costo 01 800 536 1777

Miembro de la Cámara Nacional de la Industria Editorial Mexicana
Registro núm. 3304

ISBN 978-607-463-167-8

Impreso en México / *Printed in Mexico*

Cuéntame 2 se imprimió en los talleres de
Editorial Impresora Apolo S.A. de C. V.,
Centeno 150-6, Col. Granjas Esmeralda. C.P. 09810 México, D.F.
Octubre de 2015.